मइहर के अँगना

मातृ देवी के संरक्षण (अँगना) में बनाये गये
अवध के पारम्परिक लोकचित्र

लेखक व चित्रांकन

दीपा सिंह रघुवंशी

संरक्षक

श्री जितेन्द्र कुमार आई.ए.एस.

प्रमुख सचिव, संस्कृति एवं अध्यक्ष, अयोध्या शोध संस्थान

श्री शिशिर पी.सी.एस.

निदेशक, संस्कृति एवं उपाध्यक्ष, अयोध्या शोध संस्थान

परिकल्पना

डॉ. योगेन्द्र प्रताप सिंह

निदेशक, अयोध्या शोध संस्थान

वाणी प्रकाशन

वाणी प्रकाशन

4695, 21-ए, दरियागंज, नयी दिल्ली 110 002

फ़ोन : +91 11 23273167 फ़ैक्स : +91 11 23275710

शाखाएँ

अशोक राजपथ, पटना 800 004

कॉफ़ी हाउस कैम्पस, महात्मा गांधी मार्ग, इलाहाबाद 211 001, उत्तर प्रदेश

महात्मा गांधी अन्तरराष्ट्रीय हिन्दी विश्वविद्यालय, वर्धा 442 001, महाराष्ट्र

www.vaniprakashan.in

marketing@vaniprakashan.in

sales@vaniprakashan.in

In Association with

ESTD.-1986

Ayodhya Shodh Sansthan

presents

MAIHAR KE ANGANA

by Deepa Singh Raghuvanshi

ISBN : 978-93-88434-33-1

Religion/Culture

प्रथम संस्करण 2018

मूल्य : ₹225

आर. टेक प्रिंटर ऑफसेट, दिल्ली-110 032 में मुद्रित

वाणी प्रकाशन का लोगो मक़बूल फ़िदा हुसेन की कूची से

उद्यमेन हि सिद्ध्यन्ति कार्याणि न मनोरथैः।

कोई भी कार्य परिश्रम से सिद्ध होता है,
केवल मन में इच्छा रखने से नहीं।

लेखिका द्वारा...

अवध में लोकचित्र की परम्परा एवं विकास

भारत देश सांस्कृतिक परम्परा से सम्पन्न देश है। उत्तर भारत के लगभग 25 जनपदों तक विस्तृत अवध संस्कृति मर्यादा पुरुषोत्तम भगवान राम जी का जन्म स्थान एवं प्राचीन पावन धर्म नगरी है। अवध की संस्कृति, सभ्यता और परम्परा हमारी धरोहर है। अवध उत्तर प्रदेश के 25 जनपदों का एक भू-भाग है, जिसे प्राचीन काल में कोशल के नाम से भी जाना जाता था। कोशल की राजधानी अयोध्या थी। 'अवध' का नाम अयोध्या से पड़ा और मेरा परम सौभाग्य है कि मेरा जन्म अवध की पावन भूमि अयोध्या में हुआ। अवध की विशेषता है यहाँ पर कला और संस्कृति का संगम है, यहाँ की कला और संस्कृति का अनन्त भण्डार विश्व विख्यात है। ऐसी पावन नगरी की कला अत्यन्त प्रांजल, सुन्दर व मनोहर है।

भारत की लोककला विश्व की सबसे प्राचीन धरोहरों में से एक है जिसकी बहुरंगी, विविध और समृद्ध सांस्कृतिक विरासत है। भारत की अनेक जातियों व जनजातियों की पीढ़ी दर पीढ़ी चली आ रही पारम्परिक कलाओं को लोककला कहते हैं। लोककला का रूप पूर्व वैदिक युग से उत्तर वैदिक युग तक विद्यमान रहा है। हमारे अवध की संस्कृति मर्यादा पुरुषोत्तम श्री रामचन्द्र जी हैं। अवध की संस्कृति में लोककला बसती है। हमारे त्योहार लोककला के बिना अधूरे हैं। एक वर्ष में बारह महीने होते हैं। बारह महीनों के अलग-अलग त्योहार होते हैं। हिन्दू पंचांग के अनुसार वर्ष का प्रारम्भ चैत्र मास से शुरू होता है। अवध में इसी दिन नव वर्ष का उत्सव मनाते हैं। इसी मास में बासन्ती नवरात्रि में मर्यादा पुरुषोत्तम श्री रामचन्द्र जी का जन्मोत्सव मनाते हैं। इसी मास से बारह महीनों तक त्योहारों का क्रम चलता रहता है। अवध में त्योहार और संस्कार और जीवन चर्चा पर लोक चित्र बनाये जाते हैं। अवध में बारह मास के प्रमुख त्योहार तथा सोलह संस्कार पर लोक चित्र बनाये जाते हैं। जिनमें से प्रमुख संस्कार हैं—षष्ठी संस्कार, उपनयन संस्कार, विवाह संस्कार में—चौक पूरना, कोहबर, हाथ के थापे, मइहर द्वार, माई मौर आदि चित्र बनाये जाते हैं तथा प्रमुख त्योहार—रामनवमी, बासन्ती नवरात्रि, आषाढ़ी पूर्णिमा, नागपंचमी, हरियाली तीज, हलषष्ठी, कृष्ण जन्माष्टमी, दशहरा, तुलसी पूजा, करवाचौथ, अहोई अष्टमी, दीपावली, भाईदूज, देवोत्थान एकादशी, होली आदि शुभ पर्वों, त्योहारों, उत्सवों आदि पर आधारित लोकचित्र बनाये जाने की विशेष परम्परा है।

अवध में लोकचित्र भूमि तथा भित्ति दोनों पर बनाये जाते हैं। यह लोककला दो रूप में पायी जाती है, जिनके प्रति पूजा की भावना होती है उन्हें भित्ति पर चित्रित किया जाता है और जिनमें शुभ और कल्याण की भावना होती है उन्हें भूमि पर बनाया जाता है। अवध के लोकचित्रों का उद्‌भव गाँव की माटी घर आँगन से हुआ है। इसका प्रागैतिहासिक इतिहास, आधुनिक इतिहास उतना ही पुराना है जितना कि भारतीय सभ्यता का है। अवध की लोककला पारम्परिक, लोक मांगलिक, सजीव और प्रभावशाली है जिससे प्रदेश की समृद्ध विरासत का आकलन स्वतः ही हो जाता है। लोककला परम्परागत और सौन्दर्य भाव के कारण प्रभावशाली लगती है। लोककला की सरलता और सादगी इसके भाव हैं।

अवध के लोकचित्रों का उल्लेख सर्वप्रथम ऋग्वेद में मिलता है। भगवान राम जी व सीता जी के विवाह मण्डप में

मणिरत्न से चौक पूरा गया था। वहीं रावण वध के बाद राम और सीता जी के अयोध्या वापस आने की खुशी में दीप मालिका से स्वागत व राम राज्याभिषेक के समय अयोध्यावासियों द्वारा रंगोली व चौक पूरना बनाकर नृत्य, गायन, वादन के साथ उत्सव मनाया गया था।

भारत के हर प्रदेश की कला की अपनी एक विशेष शैली तथा रचना पद्धति है, जिसे लोककला के नाम से जाना जाता है। इसी प्रकार से हमारे अवध के लोकचित्रों की एक विशेषता रही है, यहाँ पर लोकचित्र लोक मंगल भावना, लोक जनहित, धार्मिक भावना, सुख-समृद्धि एवं शान्ति की कामना पारलौकिक शक्ति एवं आशीर्वाद, जीवन रक्षा के प्रयोजन से लोकचित्र बनाया जाता है।

लोककला अत्यन्त प्राचीन कला है, लोककला रंग, तूलिका, लेखनी और उँगलियों की सहायता से चित्रित की जाती है। लोककला का मानव जीवन में, अवध के संस्कारों में बड़ा महत्त्व एवं प्रचलन है।

अवध में लोक चित्रण विधा महिलाओं के लिए अत्यन्त लोकप्रिय कला है। अवध में तीज-त्योहार, संस्कार, उत्सव आदि पर इस लोकचित्र कला के मनोरम दृश्य दृष्टिगोचर होते हैं। अवध में आलेखित चित्र मांगल्य के प्रतीक होते हैं।

उत्तर प्रदेश की लोककला अनन्त निधि के समान विशाल है। अवध की लोकचित्र कला अवध के अलग-अलग क्षेत्रों में अपनी अलग पहचान रखती है। लोक साहित्य, लोक परम्परा, लोक विश्वास, लोककलाओं के साथ भगवान राम के जुड़े रहने के कारण यह अतिविशिष्ट है, परन्तु लोकचित्र कलाएँ लगभग विलुप्त हैं। इस संस्कृति को जिस तरह हमारे पूर्वजों ने हमें सौंपा था उसी तरह अपनी अगली पीढ़ी को सौंपने के लिए मैं इस पुस्तक के माध्यम से इस कला को, इस धरोहर को सिद्धिबद्ध करने व सँजोने का प्रयास कर रही हूँ। ताकि हमारी भावी पीढ़ी तक यह पावन परम्पराएँ सदैव जीवित रह सकें। यह पुस्तक इसी लक्ष्य की प्राप्ति का एक प्रयास है।

इस पुस्तक लेखन में, लोककला, लोक संस्कृति, धरोहर एवं परम्परा को सँजोने के प्रयास में मैं सर्वप्रथम भगवान के तुल्य, प्रत्यक्ष रूप से विद्यमान मेरे मार्गदर्शक पिताजी श्री परमानन्द दास व माता श्रीमती उषा देवी के प्रति अपनी कृतज्ञता व्यक्त करती हूँ कि आपने सदैव शुभ आशीष, साहस, प्रेरणा व दिशा प्रदान की। विशेष रूप से श्रीमती रम्भा देवी व श्रीमती रश्मि देवी जी की मैं बहुत-बहुत आभारी हूँ कि इस अवध की लोकचित्र रचना एवं खोज में आपका बहुत सहयोग व दिशा मिली। इसी के साथ मैं अपने मित्रगण, सहयोगी व परिवार के सभी सदस्यों के प्रति अपनी कृतज्ञता व्यक्त करती हूँ कि आप सभी के निरन्तर प्रयास, सहयोग, उत्साह, प्रेरणा, सहृदयता, तत्परता, स्नेह व आशीर्वाद से मैं अवध की लोकचित्र कला विरासत को सँजो पा रही हूँ। मैं आप सभी की बहुत-बहुत आभारी हूँ। मैं आशा करती हूँ कि 'मइहर के अँगना' अवध के सभी जन के साथ भारतीय लोक संस्कृति के लिए बहुत उपयोगी सिद्ध होगी।

दीपा सिंह रघुवंशी

लोक चित्रकार

परास्नातक, ललित कला

अयोध्या-फ़ैज़ाबाद (उ.प्र.)

E-mail : deeparagubansi@gmail.com

अनुक्रम

अजोधिया अनन्द भये हो...

अवध में हाथ के थापे घर के शुभ कार्यों व मांगलिक अवसरों पर लगाये जाते हैं। हाथ के थापे लगाने का बहुत प्राचीन प्रचलन एवं महत्त्व है। हाथ के थापे अपनी कुल देवी के परिचय का बोध कराते हैं। हाथ के थापे विशेष संस्कार, पूजा, त्योहार, पर्व, उत्सव आदि में लगाये जाते हैं। जैसे—प्रथम संस्कार षष्ठी संस्कार में दरवाज़े पर गेरू तथा गोबर से हाथ के थापे लगाये जाते हैं तथा विवाह संस्कार में विवाह उत्सव पर—मइहर द्वार, कोहबर में या दरवाज़े पर हाथ के थापे लगाये जाते हैं। भित्ति में पाँच, सात, नौ, ग्यारह हाथ के थापे चावल के आटे में हल्दी मिलाकर लगाये जाते हैं। हाथ के थापे हल्दी, चावल का आटा, गेरू, लाल रंग आदि रंगों से पूजा, पर्व, उत्सव, संस्कार आदि में लगाये जाते हैं। इसी तरह देवी सप्तमी पूजा में देहली (जिसमें अनाज रखा जाता है) पर हाथ के थापे चावल के आटे से लगाये जाते हैं। भारत में प्रागैतिहासिक काल में चित्रों की खोज में हाथ के थापे का अस्तित्व प्राप्त हुआ है। हाथ के थापे गुफाओं की भित्ति में तथा बाहर की भित्ति पर पाँच, सात, नौ, ग्यारह थापे लगे हुए का प्रमाण मिलता है। इसका आशय यह है कि हाथ के थापे का चित्र हमारी विरासत तथा धरोहर हैं। कहीं न कहीं हमारे संस्कार तथा त्योहार से जुड़े होने का प्रतीक हैं। यह चित्र इस समय विलुप्त होने के कगार पर हैं। इस चित्र को, इस संस्कार को और इस धरोहर को सँजोना तथा संरक्षित करना अति आवश्यक है।

हाथ के थापिए

हो मोरे हरिना, आजु रमैया जी के छठिया...

अवध में संस्कार का शुभारम्भ शिशु के जन्म के छठे दिन से माना गया है। संस्कार सम्बन्धी भित्ति चित्र का आरम्भ प्रायः पुत्र जन्म से माना गया है। जन्म के छठे दिन मनायी जाने वाली संस्कार को षष्ठी संस्कार कहते हैं। इस दिन षष्ठी देवी की पूजा की जाती है। षष्ठी संस्कार को जन्म कालिक संस्कार कहा जाता है ये बालकों की अधिष्ठात्री देवी है, बच्चों की रक्षा करना इनकी स्वाभाविक गुर्ण धर्म है ये ब्रह्मा की मानस पुत्री है। भगवती षष्ठी देवी अपने योग के प्रभाव से शिशुओं के पास सदा वृद्ध माता के रूप में अप्रत्यक्ष रूप से विद्यमान रहती है। ये शिशु की रक्षा के साथ उनका भरण-पोषण करती है। बच्चों को सपने में हँसाती है, रुलाती है कभी खेलाती है। पुराणों में भी षष्ठी देवी की महत्ता प्रतिपादित है। भगवती षष्ठी देवी का इस प्रयोजन हेतु चित्र बालक के जन्म स्थान वाले घर में भित्ति पर गोबर से लिपाई कर छह पुतली नुमा आकृति गेरू से बनायी जाती है तथा घर के बाहर वाले दरवाज़े पर भी बनाई जाती है। षष्ठी देवी बालक की रक्षा करती है, इस कामना हेतु यह लोकचित्र अवध में बनाये जाते हैं।

षष्ठी संस्कार

देबौं में सोरहौं सिंगार, जनेऊवा के कारन...

जनेऊ संस्कार को यज्ञोपवीत या उपनयन संस्कार कहा जाता है। उपनयन का अर्थ होता है आचार्य के पास विद्या अध्ययन के लिए जाना। सोलह संस्कारों में उपनयन संस्कार का सर्वाधिक महत्त्व है। इस संस्कार को मानव जीवन के विकास की आरम्भावस्था माना जाता है। इस संस्कार की एक विशेषता यह है कि बालक दीर्घायु, बलशाली और तेज़ को प्राप्त करता है। जनेऊ संस्कार की परम्परा बहुत ही प्राचीन है। इस संस्कार में बालक यज्ञोपवीत धारण करता है। जोकि सूत से बना हुआ पवित्र धागा है। यज्ञोपवीत में मुख्यतः तीन धागे होते हैं। प्रथम यह तीन सूत्र त्रिमूर्ति ब्रह्मा, विष्णु और महेश के प्रतीक होते हैं। द्वितीय यह तीन सूत्र देवऋण, पितृऋण और ऋषिऋण के प्रतीक होते हैं। और तृतीय यह सत्व, रज और तम का प्रतीक हैं। अर्थात् शरीर, वाणी एवं मस्तिष्क को व्रत में रखने के प्रतीक हैं। यज्ञोपवीत में पाँच गाँठ लगाई जाती हैं जो ब्रह्मा, धर्म, अर्थ, काम और मोक्ष का प्रतीक है। यह पाँच यज्ञों, पाँच ज्ञानेन्द्रियों और पाँच कर्मों का प्रतीक है। जनेऊ संस्कार से दिव्यत्व की प्राप्ति होती है। जनेऊ संस्कार के अवसर पर दो माध्यम से चित्र बनाने का विधान है। भूमि और भित्ति पर। चौक पूरन भूमि पर देवताओं के आसन के रूप में बनाया जाता है व भित्ति पर चित्र गेरू से देवताओं को स्थापित कर पूजा आदि कर्म करने के लिए बनाया जाता है। इन लोकचित्रों को पारम्परिक प्रतीक चिह्नों से सजाया जाता है।

जनेऊ संस्कार

कैसे क सोहै दुवरवा ए बाबा...

मइहर द्वार चित्रकारी एक ऐसी विधा है जिसे विवाह के समय घर के बाहर मुख्य द्वार के किसी एक कमरे के पूर्वी दीवाल पर बनाया जाता है। मइहर द्वार चित्रकारी उत्तरी मध्य भारत के अवध, पूर्वांचल, मिथिला तथा नेपाल के तराई क्षेत्र में बनायी जाने वाली सबसे ज्यादा प्रचलित चित्रकारी कला है। इसका उल्लेख इतिहास में उतना ही प्राचीन है जितना मानव विकास का है अवध में मइहर द्वार चित्रकारी अपने लोक पारम्परिक रिवाज और रीतियों के अनुसार बनाये जाते हैं। मइहर द्वार का अर्थ है 'मइहर' अर्थात् मातृदेवी का प्रवेश स्थान जहाँ से प्रवेश किया जाता है, उसे अवध में मइहर द्वार के नाम से पुकारते हैं। मइहर द्वार चित्रकारी हमारे अवध की लोक परम्परा एवं संस्कृति का मुख्य अंग है जो विवाह संस्कार में विवाह अवसर पर बनायी जाने वाली कला है।

मइहर द्वार की चित्रकारी को बनाने से पूर्व दीवाल पर गोबर से लीप कर पिसी हल्दी (ऐपन), पिसे चावल (चौरठ), गेरू से या लाल रंग, कुमकुम, चन्दन या फूलों के रस से चित्र को आयताकार में बनाया जाता है। इस आयत की बाहरी रेखाओं में फूल, लताएँ, शंख तथा विभिन्न रेखाकृतियों से सजाये जाते हैं जिसके भीतर ज्यामितीय आकार के विभिन्न प्रकार के प्रतीक चिह्न भी बनाये जाते हैं जो विशेष अर्थ देते हैं। 'पालकी' वर-वधू का, 'बाँस' वंश बढ़ाने का, 'स्वस्तिक' शुभत्व का 'काजल' बुरी नज़र से बचाने का, 'पुरइन का पत्ता' परिवार सन्तान का, 'सिन्दूर' सुहाग का, 'कमल' परम्परा का, के प्रतीक बनाये जाने की परम्परा है। उस मइहर द्वार के चित्र के भीतर गौरी-गणेश की स्थापना की जाती है, गौरी-गणेश के प्रतीक के रूप में दो गोबर की पीड़िया लगाकर उस पर लाल या पीले सिन्दूर के टीका लगाये जाते हैं।

मइहर द्वार की चित्रकारी वर-वधू के बीच तथा परिवार में प्रेम-भाव बढ़ाने की भावना को लेकर बनाई जाती है। इस चित्रकारी का उद्देश्य शुभ मंगल का प्रतीक होता है।

मइहर द्वार

ऊँची बखरिया कई ऊँची अटरिया, खिरकी लगी है दुइ चारि...

अवध में मइहर द्वार चित्र की परम्परा प्राचीन संस्कृति एवं लोककला का उदाहरण है। यह मइहर द्वार का चित्र ज़िला बहराइच में इस प्रकार से बनाया जाता है। यहाँ पर मइहर द्वार चित्र पारम्परिक साज-सज्जा करते हुए मातृदेवी (कुल देवी) को कलात्मक श्रृंगार से सज्जित मातृका का गोल मुख बनाकर हाथों में कंगना, चूड़ियाँ, कानों में झुमका, माथे पर बिंदियाँ, टीका, पैरों में पायल आदि से सुसज्जित बनाये जाते हैं। यहाँ पर मइहर द्वार का चित्र बहुत ही सुन्दर बनाये जाते हैं। यहाँ के चित्र आकर्षक, मनमोहक व प्रिय लगते हैं। इन चित्रों के बनाने के लिए हल्दी, गेरू या लाल (आकर्षक व चटकीले) रंगों का प्रयोग किया जाता है। इस प्रकार से मूल चित्र के मुख्य में गोबर की पाँच पीड़िया तथा दायें दो और बायें दो लगाकर पीली सिन्दूर या लाल सिन्दूर, घी से टीके लगाये जाने की परम्परा है।

मइहर द्वार

मंगल दुआरे बन्दनवार सजे...

अवध में प्रवेश-द्वार पर लोकचित्र चित्रांकित करने का प्राचीन एवं पारम्परिक रिवाज है। लोक-चित्रों का सर्वोत्तम उदाहरण अवध में विवाह संस्कार के दौरान विवाह अवसर पर बनाये जाने वाले लोकचित्र 'मइहर द्वार' चित्र हैं। मइहर द्वार लोकचित्र विवाह उत्सव के समय घर के अँगना के बाहर मुख्य द्वार पर बनाये जाते हैं। मइहर द्वार चित्र अवध में प्राचीन परम्परा एवं संस्कृति का उदाहरण है। मइहर द्वार का अर्थ है, 'मइहर' अर्थात मातृ देवी का प्रवेश स्थान जहाँ से प्रवेश किया जाता है। इसे मइहर द्वार कहते हैं। मइहर द्वार का चित्र बनाने के लिए सर्वप्रथम दरवाज़े पर गोबर में पीली मिट्टी मिलाकर लीप-पोतकर गेरू या लाल रंग से मातृदेवी (कुलदेवी) का स्वरूप पारम्परिक ढंग से शुभ मांगल्य के प्रतीक बनाया जाता है। मइहर द्वार पर गोबर की दो या पाँच (गौरी-गणेश) के प्रतीक पाँच पिड़िया लगाई जाती हैं। चित्र के दोनों तरफ़ शुभ और विवाह अवश्य लिखे जाते हैं। फिर उस पर घी, हल्दी, पीला सिन्दूर, दूबिया घास के पाँच तिनके आदि से सजाकर मइहर द्वार की पूजा की जाती है। मइहर द्वार चित्र अवध के हर ज़िलों में अलग-अलग क्षेत्रीयता के अनुसार तथा विभिन्न जाति, वर्गों में अलग-अलग रूप में बनाये जाने की परम्परा है। यह मइहर द्वार चित्र फ़ैज़ाबाद के पंडित के परिवार द्वारा बनाया जाता है।

मइहर द्वार

गजमोती चौक पुराई हो...

विवाह के चौक अवध की लोक संस्कृति और लोक परम्परा से जुड़ी एक ऐसी विरासत है जिसे वर के स्वागत के प्रति जब बारात द्वार पर आती है तब द्वार पूजा की चौकी, विवाह की वेदी, कलश पूजन, गौरी-गणेश पूजन, तिलक पूजन, देव पूजन, गुरु वन्दना के लिए यह चौक बनाये जाते हैं। यह एक प्रकार की सजायी जाने वाली लोकचित्रकारी है। जिसे ज़मीन पर सजावट हेतु शुभत्व मंगल कामना की प्राप्ति के लिए बनाये जाते हैं। विवाह के चौक द्वार पूजा के स्थान पर बनाये जाते हैं। यह चौक बनाने से पूर्व भूमि या धरातल पर गोबर में पीली मिट्टी मिलाकर लिपाई करके सूखे आटे से चौकोर चौक पूरन कलात्मक बनाते हुए अष्टदल, कुरैन के पत्ते, चरण पादुका को लयात्मक अलंकारों द्वारा बनाये जाते हैं। इस चौक पूरन के बीचोबीच में अष्टदल बनाकर चौक को अलंकारिक बनाया जाता है तथा दूसरा चौक शादी के मण्डप में जहाँ वर और वधू का विवाह होता है और जहाँ मंगल फेरे लिए जाते हैं वहाँ रंग-बिरंगे रंगों से चावल को रंगकर या सूखे आटे से विधिवत चौक पूरना बनाते हैं।

विवाह चौक

इहै नवा कोहबर, मानिक रचल बियाह...

जिस प्रकार भारत रचनात्मक कला और संस्कृति का देश के लिए जाना जाता है, उसी प्रकार अवध अपने पारम्परिक लोक चित्रकला विवाह उत्सव पर बनाये जाने वाले कोहबर कला को भित्ति पर उकेरने का रिवाज व उसके प्रति विशेष रुझान के लिए जाना जाता है। यह लोकाचार परम्परा पर आधारित वैवाहिक अनुष्ठान है जो मूलतः क्षेत्रीय विशेषता और रीति-रिवाज है। कोहबर कला बनाने की परम्परा सैकड़ों वर्ष पुरानी है। इस कला की कोई विशेष चित्रात्मक शैली नहीं है। इस कला को महिलाएँ अपने कुल के रिवाज के अनुसार कोहबर कला में बनने वाले मंगल प्रतीक चिह्न विभिन्न वैवाहिक कार्यक्रम के सम्पन्न होने के साथ समृद्धि, उन्नति और शान्ति के रूप में भगवान का आशीर्वाद प्राप्त करने की कामना को लेकर चित्र उकेरती हैं। यह एक रस्म है जो वैवाहिक कार्यक्रम में आवश्यक रूप से निभाई जाती है। कोहबर कला अत्यन्त प्राचीन कला है। इस कला की शुरुआत गुफा और कन्दराओं में अंकित चिह्नों, हाथ के थापे भित्ति में बनी कोहबर की चित्रकारी से मानी जाती है। यह परम्परा आज भी किसी न किसी रूप में हमारे संस्कारों, रिवाजों तथा परम्पराओं में जीवित है। यहाँ पर इस कोहबर कला को उकेरने के लिए महिलाएँ विवाह कक्ष में भित्ति पर गोबर में पीली मिट्टी मिलाकर भित्ति की दो दिन पूर्व लिपाई कर सूखने देती हैं, जिससे चित्रों में बेहतर और गहरे उभार आ सकें। उसके बाद गेरू, हल्दी, सिन्दूर, चावल के आटे, लाल रंग (जिसे प्रेम ऊर्जा और सौन्दर्य के लिए जाना जाता है) को बाँस की पतली कूची बनाकर उसमें रूई लपेटकर गीत गाती हुई शिव, पार्वती, युगल तोता-मैना, मोर वैवाहिक कार्यक्रम को सफल बनाने व मंगल कामना को लेकर चित्र उकेरती हैं।

कोहबर

कहवाँ कै कोहबर लाल से गुलाल रे...

विवाह हिन्दू धर्म का सबसे महत्त्वपूर्ण संस्कार है जो जन्म से मृत्यु तक के महत्त्वपूर्ण संस्कारों में आता है। इसमें बनायी जाने वाली कोहबर कला विधिवत स्थापित लोक रिवाज पर आधारित पारम्परिक कला है। वस्तुतः यह प्रक्रिया वर-वधू के प्रथम रात्रि निवास स्थान पर बनाये जाने वाले चित्र अनुष्ठान है, जो घर की महिलाओं द्वारा चित्र का अंकन विभिन्न वैवाहिक प्रक्रिया के दौरान चित्र के जरिये दाम्पत्य जीवन और सामाजिक ज़िम्मेदारी को ग्रहण करने का सांकेतिक अंकन का प्रस्तुतीकरण है। कोहबर कला में बनने वाले मुख्य रूप से चित्र शिव, पार्वती, कुल देवी, कुल देवता, युगल अष्टदल, कमल, पक्षी, तोता-मैना, मोर, लता, पुष्प, पौधे, स्वस्तिक कलश आदि बनाये जाते हैं। इसमें जो भी चित्र बनते हैं उनका सम्बन्ध वर-वधू के प्रेम-सौन्दर्य, उन्नति, वंश वृद्धि, समृद्धि को बनाने और स्थापित करने का संकेत होता है। इन चित्रों में बने सांकेतिक चिह्न कहानियों, गीतों और हँसी-मज़ाक़ के ज़रिए वर-वधू के सम्बन्ध को बनाने के लिए होता है।

कोहबर

कोहबर रतन जड़ाऊ रे...

विवाह संस्कार में मुख्य रूप से बनायी जाने वाली कोहबर चित्रकारी मानव जीवन की प्रारम्भिक बिन्दु है जो सामाजिक, धार्मिक, सांस्कृतिक क्रियाकलापों के आधार पर आधारित होती है। विवाह संस्कार में दो महत्त्वपूर्ण अंग होते हैं वेदाचार और लोकाचार। वस्तुतः कोहबर चित्रकारी लोकाचार की परम्परा के तहत आती है। जिसमें प्रचलित लोक रिवाजों के अनुसरण में विभिन्न अनुष्ठान निभाये जाते हैं। कोहबर चित्रकारी पारम्परिक रिवाज और स्थानीय मतानुसार विभिन्न स्थानों पर सांस्कृतिक महत्त्व के अनुरूप भित्ति पलक पर उकेरी जाती है। यह कोहबर चित्रकारी लखीमपुर खीरी की विशेषता को समेटे हुए अपने आप में लालित्यपूर्ण है। इस चित्र को बनाने के लिए चावल को भिगोकर सिलबट्टे पर महीन पीसकर उस घोल को बाँस की कूची से वधू के कक्ष में भित्ति पर कुलदेवी के चित्र मुख को बनाते हुए शृंगार से सज्जित कानों में झुमका, हाथों में कंगना, मेहँदी, चूड़ी तथा माथे पर बिन्दिया आदि कुलदेवी से आशीर्वाद प्राप्ति की कामना को लेकर बनाये जाते हैं।

कोहबर

बैठे गुजर गइ राती, ललन! काहें मेरया न बाती...

कोहबर कला की चित्रकारी में अवध की प्रत्येक अंचल की अपनी विशिष्ट पहचान को लिए समृद्धि विरासत और विविधता को सँजोये हुए यह कला रूप लोक संस्कृति का प्रमुख वाहक है। जिला बहराइच अपनी एक नयी विधि और शृंगारिक कलाकारी के लिए जाना जाता है। यहाँ पर कोहबर कला की कलाकारी की प्रमुख विशेषता इसका वर पक्ष तथा वधू पक्ष के घर पर अलग-अलग रूप में बनाये जाने की पहचान व परम्परा है। यहाँ पर रिवाजों के अनुसार कोहबर की कलाकारी से सजी दीवारों को देखकर स्वतः ही अनुमान हो जाता है कि इनके घर आज वर पक्ष या वधू पक्ष का विवाह है। दोनों के घर पर अलग-अलग विधि से कलाकारी करने की पहचान है यह कोहबर कला मुख्य द्वार पर दाहिनी ओर तथा बायीं ओर बनायी जाती है। वधू के विवाह कक्ष में गेरू, हल्दी, लाल रंग व सिन्दूर का प्रयोग कर बनायी जाती है। इस कोहबर चित्र को बनाने के लिए सर्वप्रथम द्वार पर भित्ति को गोबर या गेरू से पुताई करते हैं। सूखने के बाद उस पर गेरू या लाल रंग से इसमें बनाये जाने वाले चित्र स्वस्तिक अष्टदल, कमल, चाँद , सूरज, पुरईन के पत्ते बनाकर गोबर की दो या पाँच पीड़िया गौरी-गणेश के प्रतीक लगाकर इसे घी, पीला सिन्दूर, अक्षत, दूर्वा, पान के पत्ते, सुपारी आदि से पूजा कर गीत गाती हुई चित्रों को पूरा करती हैं।

कोहबर

जनकपुर धूम मचाये रघुराई...

अवध के बहराइच ज़िले में बसे प्रत्येक गाँव की विभिन्न चित्रकारी में मिट्‌टी की श्रृंगारिक मूर्ति घर-आँगन की साज-सज्जा, मिट्‌टी का सौन्दर्यात्मक चित्रण, मिट्‌टी के बर्तन, हस्तशिल्प में नयी-नयी कलाकारी गहने, आभूषण की महीन बारीक डिजाइन की सुन्दर कलाकारी करने में प्रत्येक आँचल की अपनी विशिष्ट पहचान है। यहाँ की कोहबर की कलाकारी विभिन्न जातियों एवं विभिन्न विधियों का प्रयोग कर रंग-बिरंगे रंगों से इसमें बनाये जाने वाले चित्र कमल, पुष्प, अष्टदल, स्वस्तिक, लता पुष्प, ज्यामितीय डिजाइन को उकेरते हुए प्रभावशीलता के साथ सुखद सौन्दर्यानुभूति कराते हुए बेहद लोकप्रिय है। यहाँ पर भित्ति पर चावल के महीन पिसे हुए घोल से बाँस की पतली नुकीली कूची से खाँचेनुमा कोहबर बनाते हुए प्रत्येक खाँचे को पीली सिन्दूर को अनामिका अँगुली से टीका लगाते हुए यह चित्र ब्राह्मण परिवार में बनाये जाने की परम्परा है।

कोहबर

पैठि जगावैं भौजी कौनि रानी, उठु देवरा! भये भिनुसार...

शान-ए-अवध कही जाने वाली फ़ैज़ाबाद का इतिहास अत्यन्त गौरवपूर्ण एवं समृद्ध है। यहाँ पर संगमरमर की मूर्ति की कलाकारी, भित्ति में मूर्ति की चित्रकारी, शिल्पकारी, अष्टधातु, पीतल, ताँबे से बनी मूर्तियाँ, बर्तन प्रदेश में ही नहीं बल्कि विश्वभर में प्रसिद्ध व ख्याति प्राप्त हैं। इसी प्रकार यहाँ की कोहबर कला की रचनात्मक कलाकारी के लिए जाना जाता है। यहाँ पर कोहबर में बनाये जाने वाले मुख्यतः चित्र कुमुदिनी के पत्तों, बंसवार, बाँस की झुरमुट, तोता-मैना, उड़ते हुए पक्षी, दाना चुगते हुए पक्षी, दाना खाती हुई गौरैया, गायें अपने बछड़े को दूध पिलाती हुई, पोथी हाथ में लेते हुए पण्डित, बेला के फूल, आम के पेड़ में लगे बौर, अमिया से लदे हुए पेड़, युगल जोड़ी आदि को बनाकर वर-वधू के बीच प्रेम, सौन्दर्य, समृद्धि, उन्नति, वंश वृद्धि को व्यक्त करने के लिए यह प्रतीक इनमें बनाया जाता है।

कोहबर

कोहबर पड़ठि दुलहे सेज बिछावैं रे...

अवध का हर ज़िला कोहबर कला की चित्रकारी की अपनी एक विशेष शैली और पद्धति के लिए जाना जाता है। यह कोहबर कला की चित्रकारी ज़िला बाराबंकी में परम्परागत सौन्दर्य, सुन्दर भाव, सुन्दर चित्रकारी और प्रामाणिकता के लिए जानी जाती है। यहाँ पर कोहबर की चित्रकारी कुछ अलग ही विधि से होने के कारण लोकप्रिय है। इस चित्रकारी की विशेषता यह है कि यहाँ पर कोहबर बनाने से पूर्व दीवार को चावल के आटे में हल्दी मिलाकर भित्ति की पुताई करते हैं, सूखने के बाद उस भित्ति पर गेरू या लाल रंग से कोहबर का कलात्मक चित्र बनाते हुए हाथ के थापे दो, पाँच, सात, नौ या ग्यारह लगाये जाने की परम्परा है। चावल के आटे में थोड़ी सी हल्दी शुभ मंगल प्रतीक मिलाकर हाथ के थापे लगाये जाते हैं। प्रत्येक हाथ के थापे को घी, पीला सिन्दूर या लाल सिन्दूर द्वारा अनामिका अँगुली से टीका लगाये जाने की परम्परा है, जो आज भी किसी न किसी रूप में प्रचलित रिवाज के रूप में विद्यमान है।

कोहबर

ओनई आयी बदरी, बरिसे लाग पानी रे...

नवाबों की शान कही जाने वाली अवध की राजधानी फ़ैज़ाबाद की ऐतिहासिक इमारतों को जिस तरह नवाबों ने हमारी विरासत के रूप में लम्बे समय से सँजोये सँवारे व सँभाल के रखा है उसी प्रकार यहाँ की कोहबर कलाकारी चित्रकारी कुछ कहती है। फ़ैज़ाबाद के कोहबर की चित्रकारी की विशेषता यह है कि विभिन्न जाति में विभिन्न तकनीकों को लिए हुए बनायी जाती है। यहाँ पर विवाह कार्यक्रम शुरू होने के चार या पाँच दिन पूर्व घर द्वार की दीवारों, दरवाज़ों पर रंग-बिरंगे रंगों से लता-पुष्प फूलों-फलों, कमल का फूल, युगल, अष्टदल, पुरईन के पत्ते की सुन्दर-सुन्दर चित्रकारी होने लगती है। यहाँ पर विवाह में बनी चित्रकारी को देखकर स्वतः अनुमान हो जाता है कि वैवाहिक कार्यक्रम आयोजित होने वाला है। यह कार्य महिलाओं के जिम्मे होता है जिसे बखूबी निभाते हुए विविध रंगों का प्रयोग कर भित्ति पर चित्र उकेरती हैं। यह चित्र वैश्य परिवार में बनाये जाने की परम्परा है। इस कोहबर चित्र को बनाने के लिए दीवार पर गेरू या गोबर से लीप-पोतकर सूखने देते हैं तत्पश्चात् लाल रंग या गेरू से खिंचे कोहबर का चित्र कलात्मक ढंग से उकेरते हुए इस कोहबर चित्र के खाँचे में पीले सिन्दूर से प्रत्येक खाँचे को अनामिका अँगुली से टीके लगाने की परम्परा है। यहाँ पर इस चित्र की विशेषता यह है कि गोबर की बनी गौरी-गणेश की प्रतीक पीड़िया ग्यारह लगायी जाती हैं तथा कहीं-कहीं पर दो, पाँच, सात, नौ भी लगाये जाने की परम्परा है।

कोहबर

लटकि रहे फुँदना भवन में...

भारत के उत्तर प्रदेश का अवध क्षेत्र जिस प्रकार समृद्ध परम्परा के लिए पहचाना व जाना जाता है उसी प्रकार प्रदेश का लखीमपुर खीरी जनपद प्राकृतिक वन सम्पदा से सम्पन्न होने के साथ बहुरंगी पक्षी, पशु, थारू जनजातियों की हस्तशिल्प, काष्ठ कला, बाँस की डलिया, टोकरी आदि कलाओं में भी अपना एक विशिष्ट स्थान रखता है। यहाँ की लोकचित्र कलाओं में भी परम्परा को सँभालने के गुण के साथ यहाँ की लोकचित्र कलाएँ विश्वविख्यात हैं। यहाँ की कलाओं में प्रकृति का समावेश सापेक्ष झलकता है। इसी के साथ लखीमपुर खीरी के थारू जनजाति के लोग अपने लोकचित्रों में अपनी कलाभावना, कल्पना और अपनी प्रतिभा के साथ रंगों का खुलकर प्रयोग करते हैं। लखीमपुर खीरी में यह लोक चित्र मांगलिक अवसरों, शुभ कार्यों पर घर आँगन की साज-सज्जा हेतु कच्ची मिट्‌टी की दिवाल पर पीली मिट्‌टी में गोबर मिलाकर लीप पोतकर कुमकुम के रस, फूलों के रस, गेरू, लाल रंग के रंगों से रंग तैयार कर बाँस की पतली कूची बनाकर उसमें रूई या कपड़ा लपेटकर चारों तरफ़ से गहरे, मोटे बार्डर बनाते हुए चित्र महीन बारीक डिजाइन से बनाते हुए मांगलिक प्रतीक चिह्नों के प्रयोग कर अनामिका अँगुली से टीका लगाकर, बिन्दी लगाते हुए घर, आँगन के सजावट हेतु शुभ व स्वस्तिक चिह्नों का प्रयोग कर यह लोकचित्र बनाये जाते हैं। यह लोकचित्र चटकीले, मटियाले रंगों का प्रयोग होने के कारण अधिक लोकप्रिय हैं।

लोकचित्र

पूरन भई मोरि साधि मोरे राजा...

लोकचित्र कला में उत्तर प्रदेश के प्रत्येक अंचल की अपनी एक विशिष्ट पहचान है। प्रकृति की गोद में बसा यह वन्य क्षेत्र घाटी व कतरनियाघाट जिला बहराइच अपनी शान्ति और प्राकृतिक सौन्दर्य के लिए जाना जाता है। यहाँ की कला प्रचलित विभिन्न परम्परा से सम्पन्न व ऐतिहासिक विविध लोक कलाओं के रूप में काफ़ी समृद्ध रही है। यहाँ के चित्रों को देखकर अलग-अलग सौन्दर्यानुभूति होती है क्योंकि यहाँ के चित्रों की एक विशेषता यह है कि लोकचित्रों में प्रकृति के समावेश के साथ दैनिक कार्यों, कृषि कार्यों, पशु-पक्षियों आदि से सम्बन्धित चित्र उकेरे जाते हैं। यहाँ पर घरों की सजावट व आकर्षक बनाने के लिए लोकचित्र बनाये जाते हैं। यह लोकचित्र विवाह, उत्सव पर दिवाल सजावट पूजा, पूजा पर्व पर घर आँगन के आनन्द, सौन्दर्य की अनुभूति कराने के उद्देश्य से बनाये जाते हैं। इन चित्रों को बनाने के लिए यहाँ पर दीवार, मिट्टी फलक को सर्वोत्तम माना गया है। इन लोकचित्र को बनाने के लिए सर्वप्रथम दिवाल को गोबर, पीली मिट्टी से लीप पोतकर इन चित्रों में चाँद, सूरज, पशु (हाथी-घोड़ा), पक्षी (मोर-तोता), वृक्ष, स्वस्तिक मंगल चिह्न, पुतले (दैनिक कार्य करते हुए) आदि रंग-बिरंगे प्राकृतिक रंग हल्दी, चूना, गेरू, खड़िया, कोयला, लाल रंग आदि रंगों से कलम की पतली कूची या माचिस की तीली में कपड़ा या रूई लपेटकर गहरा, चौड़ा, मोटा लाइन खींचते हुए चित्र महीन बारीक उभारदार बनाये जाते हैं।

लोकचित्र

गुरु चरनन की आस लागि रे...

लोक पर्व के रूप में आषाढ़ी पूर्णिमा अत्यन्त लोकप्रिय है। आषाढ़ मास की पूर्णिमा को आषाढ़ी पूर्णिमा के नाम से जाना जाता है। इस दिन अवध में आषाढ़ी पूर्णिमा पर लोकचित्र बनाये जाने का पारम्परिक व विशेष प्रचलन रहा है। ऐसी मान्यता है कि इस दिन घर के मुख्य दरवाज़े पर दोनों तरफ़ ये चित्र बनाये जाने पर वर्षा ऋतु आरम्भ हो जाती है। यह वर्षा खेतों, खलिहानों, वृक्ष, पशु, पक्षियों, जीव-जन्तुओं तथा किसानों को अच्छी फ़सल से लाभ प्रदान करती है। इस दिन गुरु पूजा का विधान है। गुरु पूर्णिमा अर्थात् गुरु के ज्ञान एवं उनके स्नेह का स्वरूप। जिस प्रकार सूर्य के ताप से तृप्त भूमि को, वर्षा की शीतलता से फ़सल उगाने की शक्ति मिलती है, वैसे ही इस दिन गुरु के चरणों के सान्निध्य में साधकों को ज्ञान, विद्या, भक्ति, योग शक्ति, शान्ति प्राप्त करने की शक्ति मिलती है। यह दिन महाभारत के रचयिता व्यास के जन्मदिवस के नाम से जाना जाता है। इस अवसर पर मुख्य दरवाज़े पर दोनों तरफ़ अगल-बगल में गुरु पूर्णिमा के लोकचित्र दो या पाँच गोबर या गेरू से खींचे जाते हैं।

आषाढ़ी पूर्णिमा

लिलरी के जुगनू चमकैं सारी रतिया...

समूचे भारत में नागपंचमी पर्व मनाने की परम्परा प्राचीनकाल से है। सावन मास की शुक्ल पक्ष की पंचमी को नागपंचमी कहा जाता है। नागपंचमी को नाग देवता (सर्प) की पूजा विधि-विधान से किये जाने का रिवाज है। इस मास में तथा उस दिन देवाधिदेव महादेव भगवान भोले नाथ तथा नाग देवता की पूजा विशेष महत्त्व रखती है। इस दिन भगवान विष्णु को श्री रामचन्द्र के रूप में अवतार लेने पर उनके छोटे भाई लक्ष्मण को शेषनाग के रूप में मानकर सर्पों की पूजा की जाती है। आदिकाल से ही नागपंचमी के दिन नाग की पूजा के साथ नाग देवता को दूध पिलाना और इस दिन नाग देवता का दर्शन करना विशेष महत्त्व रखता है। ऐसी मान्यता है कि इस दिन नाग देवता की पूजा करने से और नागदेवता को दूध पिलाने से सारे बुरे प्रभाव, व्याधि दूर हो जाते हैं तथा नाग देवता खेत, खलिहान, घर, परिवार की रक्षा, सुरक्षा करते हैं। नागपंचमी के दिन सुबह घर द्वार के साथ दीवार के मुख्य दरवाज़े के दोनों तरफ़ कोयला को कच्चे दूध में घिसकर या गोबर, गेरू से लीपकर पूजा स्थान बनाकर पंचमुखी नाग या पाँच नाग देवता, पाँच फन वाले नाग देव अंकित करते हैं तथा कहीं-कहीं पर गोबर से नागदेवता आकृति बनाकर नागदेवता को दूध, लाई, चना, अक्षत, पुष्प, दूर्वा, रोली, मिष्ठान आदि से पूजन कर भोग लगाते हैं।

नागपंचमी

ऐ जी कोई है हरियाली तीज, घर-घर झूला झूलैं...

सावन मास में चारों तरफ़ हरीतिमा होने के कारण इसे हरियाली तीज के नाम से जाना जाता है। हरियाली तीज का उत्सव श्रावण मास के शुक्ल पक्ष की तृतीया को मनाया जाता है। श्रावण मास में जब सम्पूर्ण प्रकृति हरे-भरे घासों की चादर से ढक सी जाती है, जब वनों में मोर नृत्य करने लगते हैं, जब बाग-बगीचों में झूले पड़ जाते हैं जब झूला गीत, कजरी गीत की धुन सुनाई पड़ने लगे, जब इस छटा को देखकर मन पुलकित हो उठे तब मनाये जाने वाले पर्व को हरियाली तीज के नाम से पुकारते हैं। इसे 'कजली तीज' भी कहा जाता है। इस दिन भगवान शिव व पार्वती के 108 अवतार के मिलन उत्सव के रूप में उत्सव मनाते हैं। कजरी तीज भगवान शिव-पार्वती के सौन्दर्य, प्रेम, आस्था और उमंग के रूप में मनायी जाती है। हरियाली तीज भगवान शिव के प्रेम का प्रतीक प्रिय के साथ सुहागिनों के लिए भी यह खास महत्त्व रखता है। इस उत्सव को मनाने के लिए सुहागिनें अपने मायके आकर हाथों, पाँवों, कलाइयों पर विभिन्न प्रकार से मेहँदी रचाती हैं। इसे मेहँदी पर्व के रूप में भी जाना जाता है। इस दिन सुहागिन हरे रंग के वस्त्र शृंगार कर भगवान शिव, माता पार्वती की पूजा करती हैं। इस दिन सुहागिनें घर आँगन में भी लोक चित्रकारी करती हैं। भगवान शिव और माता पार्वती का चित्र बनाने से पूर्व मिट्टी को गोबर में गहरे उभार के लिए कोयला का चूर्ण मिलाकर लिपाई कर, चाँद, सूरज, भगवान शिव, माता पार्वती, वृक्ष, पशु (हाथी), चिड़िया (तोता, मैना, मोर) आदि-आदि बनाकर साथ में मिलकर पूजा कर गीत गाते हुए हरियाली तीज का उत्सव मनाती हैं।

हरियाली तीज

सुरुज पइयाँ लागेऊँ हो...

नौ ग्रहों में सूर्य देव को प्रसन्न करने के लिए रविवार का व्रत हर्षोल्लास और धूमधाम से पूरे प्रदेश में मनाया जाता है। यह सूर्य पूजन का व्रत तेजस्विता के लिए होता है। सूर्य पूजन का व्रत समस्त कामनाओं की सिद्धि, आयु व सौभाग्य होने की कामना के लिए किया जाता है। बड़ा रविवार सूर्य देवता की पूजा का वार है। जीवन में सुख-समृद्धि, धन सम्पत्ति के लिए रविवार का व्रत सर्वश्रेष्ठ है। अवध में सूर्य का व्रत भादों के इतवार को करते हैं, बड़ा रविवार व्रत लोक रीति के अनुसार रहे जाते हैं, जिसमें दोपहर से पहले आँगन में गोबर से दीवार को लीपकर सूर्य की स्वर्ण निर्मित या लाल रंग का चित्र कुमकुम के लाल रंग से या चन्दन से गोल सूरज सा मुख बनाकर चित्र बनाया जाता है तत्पश्चात भगवान सूर्य को अक्षत, चन्दन फूलों से पूजा कर प्रसाद आदि का भोग लगाया जाता है। इस दिन पूरा दिन उपवास रखकर सायंकाल पूरी, सेमाई या मीठा फल खाते हैं।

रवि सोपान (बड़ा रविवार)

गोकुल में बाजत कहाँ बधाई...

भगवान श्रीकृष्ण को सम्पूर्ण सृष्टि को मोह लेने का अवतार कहा जाता है। भगवान कृष्ण का ऐसा अवतार जिसके दर्शन मात्र से प्राणियों के घट-घट के सन्ताप व दुःख मिट जाते हैं। कृष्ण जन्माष्टमी का त्योहार भारत में ही नहीं बल्कि विदेशों में भी मनाया जाता है। यह त्योहार भादों माह के कृष्ण पक्ष की अष्टमी को मनाते हैं। सम्पूर्ण अवध तथा ब्रजमण्डल में श्रीकृष्ण के जन्म लेने के उपलक्ष्य में बड़े हर्षोल्लास के साथ वाद्ययन्त्रों से मंगल ध्वनि बजाते हुए सम्पूर्ण विश्व के लिए आनन्द मंगल के सन्देश के साथ मनाते हैं। इस दिन लखीमपुर खीरी में जन्माष्टमी को दिवालों पर गोबर में पीली मिट्टी मिलाकर मिट्टी से लिपाई पोताई कर, चावल को भिगोकर सिलवट्टे पर पीसकर कृष्ण की अलौकिक छवि श्रद्धा से बनाते हैं। यहाँ पर कहीं-कहीं लाल रंग से बनाया जाता है। इस लोकचित्र को परिवार के सभी सदस्य मिलकर बनाते हुए, गाजे-बाजे के साथ गीत गाते हुए, धूमधाम से इस पावन पर्व की खुशियाँ मनाते हैं।

कृष्ण जन्माष्टमी

जय हो हे छठी मईया...

यह उत्तर प्रदेश के समूचे अवध में मनाया जाने वाला अनूठी संस्कृति का एक ऐसा पर्व जिसे हर वर्ग, हर जाति में हर्षोल्लास के साथ मनाया जाता है। इस हल षष्ठी को हलछठ भी कहा जाता है। यह पर्व भाद्रपद मास की कृष्ण पक्ष की षष्ठी को मनाया जाता है। सन्तान की प्राप्ति, उनके दीर्घायु के लिए सुखद कामना रखकर माताएँ इस व्रत को रखती हैं। इस व्रत के बारे में पौराणिक कथा यह है कि वासुदेव-देवकी के छह बेटों को एक-एक कर कंस ने कारागार में मार डाला। जब सातवें बच्चे के जन्म का समय नजदीक आया तो महर्षि नारद जी ने देवकी को हल षष्ठी देवी के व्रत को रखने की सलाह दी। देवकी ने सबसे पहले इस व्रत को किया, जिसके प्रभाव से उसकी आने वाली सन्तान की रक्षा हुई। हल षष्ठी का पर्व भैया बलराम से सम्बन्धित है। यह चित्र लखीमपुर खीरी में इसी प्रकार बनाकर हल षष्ठी माता का पूजन करते हैं। इस चित्र को बनाने के लिए दीवार पर गोबर से लीप-पोतकर चावल को भिगोकर उसे पीसकर पिसे हुए घोल से लकड़ी या माचिस की तीली में रूई लपेटकर षष्ठी माता का चित्र बनाते हैं। यहाँ पर षष्ठी माता के चित्र शृंगार से सुसज्जित हाथ-पैर, गोल मुख तथा बच्चे, चाँद, सूरज, जानवर आदि का चित्र बनाते हैं।

हल षष्ठी

चलो सखि छठिया पूजन को...

बहराइच में हलषष्ठी चित्र की विभिन्न विधि से चित्रकारी करने की विशेषता के लिए जानी जाती है। यहाँ के चित्रों में आज भी आदि मानव द्वारा बनाये गये चित्रों की छाप स्पष्ट दिखलाई देती है। इन चित्रों को देखकर स्पष्ट नज़र आता है कि आदि मानव ने अपनी अभिव्यक्ति के लिए जिन साधन अथवा फलक को चुना होगा वह गुफाओं की भित्तियाँ रही होंगी, जिसपर आदि मानव ने कोयला, गेरू, चूना के द्वारा चित्रों को निरूपित किया होगा। यहाँ के चित्रों में उनका स्वरूप आज भी दिखाई देता है। यहाँ पर इन चित्रों को बनाने के लिए भित्ति पर सर्वप्रथम कोयला को पीसकर उसका चूर्ण बनाकर उसके घोल से एक सप्ताह पूर्व लिपाई करते हैं, जिससे चित्रों में बेहतर और गहरे उभार आ सकें। भित्ति को सूखने के बाद उसपर चावल को भिगोकर उसे पीसकर कूची को नोकदार बनाने के लिए बाँस की पतली कूची में रूई या कपड़ा लपेटकर माता भगवती का स्वरूप बेटे की दीर्घायु रक्षा की कामना को लेकर चित्र सोलह शृंगार से सज्जित मुख पर बिन्दिया, टीका, चुनरी, कानों में झुमका, हाथों में कँगना, चूड़ी, पैरों में पायल, गले में हार, जरी रत्नों से रचित पोशाक आदि को शृंगार से सुशोभित सज्जित लयात्मकता-कलात्मकता के साथ उकेरती है। यह चित्र आज भी कच्ची मिट्टी की दीवार या देहली (जिसमें अनाज को सुरक्षित रखा जाता है) पर उकेरे जाते हैं।

हल षष्ठी

चलो सखि छठिया पूजन को...

बहराइच में कुछ गाँव के चित्रों को देखकर अनुमान लगाया जा सकता है कि आदि मानव की चित्रकारी कहीं न कहीं आज भी हमारे संस्कारों व परम्पराओं में जीवित है। उस समय के चित्रों को यदि आज के चित्रों के साथ मिलान करें तो चित्र शैली, चित्र तकनीकी, चित्र विधि, आकृति, रंग से रंगने की विधि आज लगभग भी वही है। यहाँ के चित्रों की विशेषता यह है कि चित्रों में छह मुख, छह दाहिना हाथ, छह बायाँ हाथ, छह दाहिना पैर तथा छह बायाँ पैर के साथ चन्द्रमा, सूरज, पशु-पक्षी बनाये जाने की विशेषता है। यहाँ की एक और विशेषता, अलग-अलग कई गाँव में विभिन्न जाति के अनुसार चित्र बनाये जाने की है, उस तकनीकी पर आधारित लखीमपुर में इस चित्र को बनाने के लिए दीवारों को सर्वप्रथम कोयला को पीसकर उसका चूर्ण बनाकर उसके घोल से एक सप्ताह पूर्व लिपाई करते हैं, जिससे चित्रों में बेहतर और गहरे उभार आ सकें। भित्ति को सूखने के बाद उसपर चावल को भिगोकर, उसे पीसकर कूची को नोकदार बनाने के लिए बाँस की पतली कूची में रूई या कपड़ा लपेटकर माता भगवती का स्वरूप बेटे की दीर्घायु रक्षा की कामना को लेकर चित्र, सोलह श्रृंगार से सज्जित मुख पर बिन्दिया, टीका, चुनरी, कानों में झुमका, हाथों में कँगना, चूड़ी, पैरों में पायल, गले में हार, जरी रत्नों से रचित पोशाक आदि को श्रृंगार से सुशोभित सज्जित लयात्मकता-कलात्मकता के साथ उकेरती है। यह चित्र आज भी कच्ची मिट्टी की दीवार या देहली (जिसमें अनाज को सुरक्षित रखा जाता है) पर उकेरे जाते हैं।

हल षष्ठी

चलो सखि छठिया पूजन को...

जिस प्रकार अवध में हल षष्ठी पर विभिन्न ज़िलों की चित्रकारी एक ख़ास महत्त्वपूर्ण पहचान रखती है, उसी प्रकार कानपुर में रंग-बिरंगे रंगों के प्रयोग से बनी हल षष्ठी की चित्रकारी बहुत लोकप्रिय है। यहाँ पर इन चित्रों के बनाने के लिए प्राकृतिक रंगों का प्रयोग किया जाता है। रंगों में जैसे लाल रंग के लिए फूलों का रस या कुमकुम का रस, गेरू, लाल चन्दन की लकड़ी का रंग, हरे के लिए पत्तों का रस, पीला के लिए हल्दी का प्रयोग, काले रंगों में कोयला या काजल का प्रयोग कर हल षष्ठी का चित्र चावल की घोल से पुती दिवाल पर खाँचेनुमा आकृति बनाकर अलग-अलग रंगों को भरते हुए सोलह शृंगार से सज्जित माता भगवती का स्वरूप बनाते हैं तथा साथ ही चाँद, सूरज, लता, वृक्ष, पुष्प, फल, डोली आदि को आभूषण, गहने, शृंगार से रचित लयात्मक-कलात्मक कलाकृति के साथ बनाते हैं।

हल षष्ठी

चलो सखि छठिया पूजन को...

जहाँ सीतापुर में स्थित नैमिषारण्य व मिश्रित तीर्थ जो सदियों से ऋषियों की तपस्या, अध्ययन, धार्मिक समागम, तथा धर्मग्रन्थों के सृजन का केन्द्र रहा है, वहीं इस क्षेत्र की विशेष अपनी सुन्दर कलाकारी चित्रकारी में अपनी एक अलग विधि और तकनीकी व रंगों के प्रयोग के लिए जाना जाता है। यहाँ पर हलषष्ठी का चित्र बनाने के लिए गोबर से लिपी कच्ची मिट्टी की दीवार पर चावल के आटे के घोल से माता भगवती के छह मुख, एक हाथ दाहिना, एक हाथ बाएँ तथा छह पैर, बनाते हुए चित्र उकेरते हैं तथा दूसरी विशेषता यह है कि यहाँ पर चित्रों को मोटी-मोटी लाइन में खींचते हुए खाँचेनुमा बनाये जाते हैं।

हल षष्ठी

चलो सखि छठिया पूजन को...

अवध के लखीमपुर खीरी ज़िले की हल षष्ठी चित्र की चित्रकारी अपने पारम्परिक रिवाजों को सहेजती विरासत के रूप में जानी जाती है। यहाँ बलराम जी के जन्मदिन को माताएँ उत्सव के रूप में मनाती हैं। यहाँ पर चित्रकारी रंग-बिरंगे रंगों के प्रयोग से बने माता भगवती के सुन्दर स्वरूप जिसमें मुकुट धारण किये चुनरी को ओढ़े, हाथों में मेहँदी को रचे, पैरों में पायल से सजे हुए होने के साथ चाँद, सूरज, तोता-मैना, भगवती माता के बच्चे आदि को पारम्परिक ढंग से गेरू रंग के प्रयोग से चित्रों को चौकोर बनाते हुए आलंकारिक कलात्मक चित्र माताएँ अपने बेटे की कुशल कामना को लेकर यह चित्र दीवारों पर उकेरती हैं।

हल षष्ठी

वन से लौटे राम रघुरईया, घर-घर बाजे बधईया...

यह रंगोली अवध में दशहरा अवसर पर नवरात्रि में नौ दिन तक कलश स्थापना वेदी, यज्ञवेदी, देवी आसन चौकी, हवन कुंड वेदी चौक आदि पर नौ दिन तक रंगोली बनायी जाती है। यह रंगोली भारत की लोक प्रमुख प्रसिद्ध लोक चित्रकला है। इस चित्रकला के तीन प्रमुख रूप मिलते हैं। भूमि रेखांकन, भित्ति रेखांकन और काग़ज़ पर चित्रांकन। इसमें सबसे लोकप्रिय भूमि रेखांकन है जिन्हें रंगोली या चौक पूरना के रूप में जाना जाता है। रंगोली मन में उत्सवी रंग सजाती है, रंगोली सजाने का मुख्य भाव यही है—लक्ष्मी की सदा कृपा बनी रहे, तथा घर आँगन खुशहाली से भरा रहे। इस प्रयोजन हेतु अवध में रंगोली बनाने के लिए आँगन में गोबर से भली-भाँति लीप-पोतकर सूखा आटा, चूना, गेरू, रंग-बिरंगे रंगों से रंगे चावल, फूल आदि से शुभ प्रतीक, मंगल प्रतीक चिह्नों के साथ रंगोली बनायी जाती है। रंगोली कला से सौन्दर्य होता है और सौन्दर्य आनन्द प्रदान करता है। रंगोली घर के शुभ अवसरों पर बनायी जाती है।

रंगोली, दशहरा

तुलसी महारानी नमो-नमो! हर की पटरानी नमो-नमो...

अवध के अयोध्या में कार्तिक मास में कार्तिक कल्पवास, सरयू स्नान और तुलसी पूजा, तुलसी के पास दिया जलाने का विशेष महत्त्व है। इस माह में तुलसी में जल डालना, तुलसी के पास दीपक जलाने से साक्षात लक्ष्मी का निवास एवं सर्वसुख प्राप्त होते हैं। मनुष्य के मोक्ष का द्वार इस कार्तिक मास को कहा जाता है। यह मास पवित्रता और शोभता का प्रतीक है, इस मास में भक्ति-भाव से ईश्वर की साधना, आराधना करने वाले को मनवांछित फल प्राप्त होते हैं। इस प्रयोजन हेतु इस माह में तुलसी पूजा विशेष फलदायी है। कहते हैं इस माह में गोधूली वेला में तुलसी जी के पास दीपक जलाने से घर में लक्ष्मी जी का वास होता है। जहाँ तुलसी जी एक ओर हमारे आस्था एवं श्रद्धा की प्रतीक है वहीं अपरिमित औषधीय गुणों से युक्त भी है। यह पूजा विशेष होने के कारण कार्तिक मास में घर-आँगन की दीवारों पर लोककला का चित्रण कर दीवारों पर तुलसी के पौधे के गमले रीति-रिवाजों के अनुसार विधिवत सजाये जाते हैं तथा तुलसी के पास सूखे आटे, गेरू, चूना से विधिवत पारम्परिक चौक पूरना बनाकर प्रतिदिन दीपक जलाये जाते हैं।

तुलसी पूजा

गंगा जमुना क पनियाँ, करवा भरि लावैं हो...

उत्तर भारत में लखीमपुर खीरी की करवाचौथ पर भित्ति चित्रण परम्परा प्राचीनकाल से ही ख्यात है। यहाँ की लोकचित्रकारी पूरे अवध में बेहद लोकप्रिय है। लखीमपुर खीरी में करवाचौथ पर भित्तिचित्र-चित्रकारी ने लोक चित्रकला में उल्लेखनीय योगदान किया है। करवाचौथ पर यहाँ के चित्रण की जो भी रूपरेखा है वह लोकप्रियता के साथ मनमोहक भी है। यह पर्व कार्तिक मास के कृष्ण पक्ष की चौथी तिथि को मनाया जाता है। इस पर्व की विशेषता यह है कि यह व्रत एक ओर प्रेम सुहाग की अटलता से जुड़ा है तो दूसरी ओर भूमि पर चौक पूरना तथा भित्ति पर करवाचौथ का पारम्परिक लोक चित्रण से जुड़ा है। इन चित्रों की विशेषता यह है कि भित्ति पर करवा रखना अर्थात् करवा की सम्पूर्ण कहानी का चित्रण करना। इस चित्रण में भगवान शिव, पार्वती, गणेश, तोता-मैना आदि बनाकर गणेश जी, पार्वती जी और चन्द्रमा को प्रधान देव मानकर चित्रण किया जाता है। यहाँ पर इस चित्र को बनाने के लिए सौभाग्यवती स्त्रियाँ अपने घर आँगन की दीवार पर सबसे पहले कोयला को पीसकर चूर्ण बनाकर उस घोल की भित्ति पर पुताई कर दो दिन पहले लगाकर सुखा लेती हैं जिससे चित्रों में गहरे रंगों के साथ उभार आ सके। तत्पश्चात् चावल को भिगोकर सिलवट्टे पर महीन पीसकर बाँस की या कलम की पतली नुकीली कूची बनाकर, उसमें रूई या कपड़ा लपेटकर कूची से महीन-महीन खाँचा बनाकर, उसमें बारीक डिजाइन से भरते हैं। इन चित्रों को घर की सभी महिलाएँ कामकाज से निवृत्त होकर चार से पाँच दिन में एक चित्र को चित्रित करती हैं।

करवाचौथ

मोहे रखना सुहागिन हे देवी माँ...

समूचे भारत में जिस प्रकार लखीमपुर खीरी प्रकृति की शृंगार से आच्छादित वन सम्पदा से घनीभूत होने के साथ समस्त कलाओं जैसे नृत्य कला, शिल्प कला, काष्ठ कला में दुनिया में बेहद लोकप्रिय होने के साथ जाना जाता है, उसी प्रकार यहाँ का भित्तिचित्र विभिन्न विधि से चित्रकारी करने के साथ अधिक चटकीले रंगीन व आकर्षक होने के साथ पूर्वी भारत में विशिष्ट पहचान बनाकर प्रसिद्धि प्राप्त कर चुका है। लखीमपुर खीरी हर गाँव में एक नयी चित्रकारी की विशेषता के लिए जाना जाता है। यहाँ पर 'करवाचौथ' चित्रण की चित्रकारी विधि प्राचीन काल से बेहद लोकप्रियता के साथ जन-जन में प्रसिद्ध है। यह चित्रकारी अपने पूरे रीति-रिवाजों को निभाते हुए बनायी गयी हैं। यहाँ पर इस चित्र की विशेषता यह है कि यहाँ के चित्रों को बनाने के लिए प्राकृतिक रंगों का प्रयोग कर चित्र रंग-बिरंगे रंगों से बनाते हुए भगवान शिव, माता पार्वती, गणेश, कार्तिकेय, चाँद, सूरज, तोता-मैना, पूजती हुई बहन, करवा बेचती महिला, डोली से बहन को ले जाते हुए भाई, फूल पत्तियाँ आदि बनाये जाते हैं। यहाँ पर करवा का चित्र बनाने के लिए चावल के आटे के घोल से भित्ति को चित्र बनाने के 2 दिन पूर्व यह लेप लगाकर सुखा लेते हैं। ताकि चित्रों में बेहतर उभार आ सके, भित्ति को सूखने के बाद प्राकृतिक रंग कोयला या काला रंग से गहरी मोटी खाँचे बनाते हैं। खाँचे में लाल, पीला, हरा, नीला, सफेद, काला रंग भरते हुए चित्र चित्रित करते हैं। इन रंगों को प्राप्त करने के लिए लाल रंग के लिए फूलों का रस, कुमकुम का रस, लाल चन्दन की लकड़ी से प्राप्त करते हुए पीला रंग के लिए हल्दी, हरा के लिए पत्तों का रस, नीला रंग के लिए नील, गेरू आदि रंग प्राप्त कर महीन बारीक डिजाइन के भरकर चित्र को गीत गायन गाते हुए चित्रित करते हैं। चित्रों में उभार लाने के लिए सफेद या पीला रंग का प्रयोग करते हुए आँख बनाने के लिए काजल का प्रयोग, होठ बनाने के लिए सिन्दूर का प्रयोग करते हैं। इन चित्रों में भगवान शिव, पार्वती जी के चित्रों को सोलह शृंगार से सजे हुए माथे पर चुनरी, मुकुट, चोटी, बिन्दियाँ, टीका, कानों में झुमका, गले में हार, हाथों में कँगना, पैरों में पायल आदि पूरी तरह से सुसज्जित चित्र बनाए जाते हैं।

करवाचौथ

देहू मोहे अखण्ड सुहाग...

अवध के ज़िला बहराइच की चित्रकारी जिस प्रकार अपनी परम्परा से पारंगत प्राकृतिक सौन्दर्य के साथ लोक कला, काष्ठ कला, शिल्प कला, कृषि कला में अपनी खास महत्त्वपूर्ण पहचान रखते हुए उत्कृष्ट योगदान को दर्शाती है, उसी प्रकार यहाँ पर करवाचौथ पर भित्तिचित्र-चित्रकारी हर एक नयी विधि से चित्रकारी करने में पूरे प्रदेश में लोकप्रिय है। यहाँ की चित्रों की खास बात यह है कि यहाँ पर चित्रकारी अपने पूरे रीति-रिवाजों को निभाते हुए प्राकृतिक रंग के प्रयोग कर रंग-बिरंगे रंगों से आकर्षक चित्र हर घर, हर गाँव में बने हुए मिलते हैं। यहाँ के चित्रों की एक बहुत बड़ी विशेषता यह है कि यहाँ की चित्रकारी में 'करवाचौथ' की पूरी कथा को शिव-पार्वती जी के सोलह श्रृंगार से सज्जित उनका पूरा परिवार गणेश जी, कार्तिकेय जी, नन्दी आदि देव में चन्द्रमा, सूरज व भगवान शिव की बारात में शामिल होने वाले हाथी, घोड़ा, मोर, चिड़िया, तोता-मैना, करवा पूजती बहन, सात भाई, चाँद दिखाता भाई, वृक्ष आदि बनाये जाते हैं। इन चित्रों को बनाने के लिए सर्वप्रथम यहाँ पर चावल के आटे के घोल या चूना से एक सप्ताह पूर्व पुताई कर सूखने देते हैं फिर कोयला या काला रंग से पहले शिव-पार्वती का चित्र खींचते हुए खाँचा बनाकर उसमें अलग-अलग रंग जैसे लाल, पीला, हरा, नीला, काला, सफेद रंगों को गाढ़ा सपाट भरकर चित्रों को महीन बारीक डिजाइन में बनाते हैं। इन चित्रों में उभार लाने के लिए पीला या सफेद रंग को अनामिका अँगुली से बिन्दी लगाकर उभारदार डिजाइन बनाते हैं। यहाँ पर इन चित्रों को घर की सभी महिलाएँ अपने कामकाज से निवृत्त होकर 6 या 7 दिन में थोड़ा-थोड़ा करके प्रतिदिन चित्रों को बनाती हैं। यहाँ पर इन रंगों को तैयार करने के लिए लाल रंग के लिए फूलों का रस, कुमकुम का रस, लाल चन्दन की लकड़ी के रंग, पीले रंग के लिए हल्दी या फूलों का रस, हरे रंग के लिए पत्तों का रस, काले रंग के लिए कोयला या काजल से तैयार करते हैं। चित्रों और रंगों को टिकाऊ बनाने के लिए सेम के पत्तों का रस मिश्रण कर बनाया जाता है।

करवाचौथ

हे अहोई माता, पूरन करियो काज...

अहोई अष्टमी एक ऐसा व्रत है जिसे माताएँ अपने परिवार के कल्याण एवं समृद्धि के लिए रखती हैं। खासतौर पर यह व्रत माताएँ सन्तान की दीर्घायु, खुशहाली के लिए कार्तिक मास की कृष्ण पक्ष की अष्टमी को रखती हैं। यह व्रत करवाचौथ के समान महान प्रिय व उत्तम उपवास है। यह व्रत करवाचौथ के चार दिन बाद आता है इस दिन माताएँ दीवार पर गेरू या चावल के आटे से अहोई अष्टमी का चित्र बनाती हैं। इस दिन माताएँ भगवती माता की आराधना करते हुए इस व्रत को पूर्ण करती हैं। इस व्रत की विशेषता यह है कि इस दिन भूमि तथा भित्ति दोनों पर चित्रांकन किये जाते हैं। भूमि पर चित्र कलश स्थापना तथा पूजा के लिए चौक पूरना विधिवत पारम्परिक बनाये जाते हैं तथा भित्ति पर गोबर से लीपकर चावल के आटे के घोल से अहोई माता का चित्र चित्रित करते हुए खाँचानुमा बनाकर महीन बारीक डिजाइन बनाते हुए चित्र रंगीन बनाए जाते हैं। चित्रों में चाँद, सूरज, वृक्ष तथा सेई के बच्चे आदि चित्रित किये जाते हैं। इस अहोई अष्टमी के चित्र को सभी शृंगार से सज्जित पैरों में पायल, हाथों में चूड़ी, कँगना, माथे पर चुनरी, टीका, बिन्दिया, नाक में नथिया आदि बनाये जाते हैं।

अहोई अष्टमी

सजनी मंगल गावो आज...

कार्तिक माह की अमावस्या के दिन दीपावली का त्योहार देशभर में धूमधाम से मनाये जाने का विधान है। दीपावली के दिन धन सम्पन्ना देवी माँ लक्ष्मी और रिद्धि-सिद्धि के दाता भगवान गणेश की पूजा की जाती है। रौशनी का त्योहार दीपावली जिसे पूरे अवध में बहुत उत्साह और उमंग के साथ मनाया जाता है, इस दिन लोग लक्ष्मी जी के स्वागत के प्रतीक अपने घर-आँगन के दरवाज़े पर मंगल चौक सूखे आटे या रंग-बिरंगे रंगों से बनाते हैं, जिसे रंगोली के नाम से भी जाना जाता है। मंगल चौक दीपावली के दिन बनाने का विधान प्राचीनकाल से माना जाता है। यह मंगल चौक अवध की प्राचीन परम्परा से सम्पन्न सांस्कृतिक लोक कला है। दीपावली के दिन अवध में मंगल चौक पूरने का विधान रामायण में भी वर्णित है, इस दिन मर्यादा पुरुषोत्तम भगवान श्री रामचन्द्र जी को रावण का वध कर सीता जी के साथ अयोध्या वापस आने की खुशी में समस्त अयोध्यावासियों ने समस्त अयोध्या को मंगल चौक, चौक पूर्णा बनाकर अयोध्या को सजाये थे।

मंगल चौक

सब जुबतिन मंगल चौक पुराये...

मंगल चौक भारत की संस्कृति और लोक कला से जुड़ी एक ऐसी विरासत है जिससे त्योहारों में चार चाँद लग जाते हैं यह एक प्रकार से आलंकारिक सजायी जाने वाली चित्रकारी है, यह चित्रकारी अवध के हर घरों में शुभ अवसरों, मांगलिक अवसरों, तीज-त्योहार, संस्कार पूजा आदि में शुभ प्रतीक चिह्नों के साथ भूमि पर भगवान के आसनदीप या पूजा की चौकी, सरस्वती चौकी, देवी चौकी, यज्ञवेदी, रामार्चा पूजा, एकादशी पूजा, नवग्रह पूजा, सत्यनारायण भगवान की पूजा की चौकी आदि पर सूखे आटे से मंगल चौक मंगल कामना के प्रयोजन को लेकर बनाये जाते हैं। यह मंगल चौक अपने रीति-रिवाजों को सहेजते, सँवारते, हर्ष और प्रसन्नता के प्रतीक धार्मिक, सांस्कृतिक, आस्थाओं के प्रतीक हैं। यह मंगल चौक अपने क्षेत्र व परिवार की परम्परा को कायम रखते हैं। मंगल चौक को बनाने से पूर्व गोबर में पीली मिट्टी मिलाकर भूमि पर रंग-बिरंगे चावल को रंगकर या सूखे आटे से भूमि पर विभिन्न प्रकार से आलंकारिक कलात्मक व सुन्दर गहरी महीन आलेखन से परिपूर्ण डिजाइन बनाये जाते हैं।

मंगल चौक

बलईयाँ लेऊँ बीरन को...

यह भाईदूज का त्योहार भाई-बहन के प्रेम का प्रतीक है। इस दिन ज़िला लखीमपुर खीरी में बहनें भाईदूज का चौक अपने विधि-विधान एवं परम्परा को अपनाते हुए भाईदूज का विशेष महत्त्व मानती है। इस पर्व पर बहनें भाई की मंगल कामना कर अपने आपको धन्य मानती हैं। यह त्योहार भाई-बहन के पवित्र रिश्तों का प्रतीक है। इस दिन बहनें अपने भाई की दीर्घायु व सुख-समृद्धि की कामना करती हैं। इस त्योहार पर बहनें प्रायः गोबर से आँगन को लीपकर सर्वप्रथम चावल को भिगोकर सिलवट्टे पर महीन पीसकर घोल बनाकर बाँस की पतली कूची बनाकर कूची को नोकदार बनाने के लिए कपड़ा या रूई लपेटकर आँगन के बीचोबीच सुन्दर आलेखनों से सज्जित चौक पूरती हैं। चौक में सात भाई, बहन के खिलौने, सर्प, नेवला, अष्टदल, फूल, चाँद, सूरज दिया आदि बनाये जाते हैं। इसके बाद पान, सुपारी, रोली, फूल-फल, धूप, मिष्ठान आदि से पूजा कर यम द्वितीया की कथा सुनती हैं।

भाईदूज

जिये भईया हमार लाख बरीस...

यह भाईदूज का चौक पूरना अवध के बहराइच ज़िले में यमराज का चित्र विधि-विधिवत बनाये जाने का रिवाज है, ऐसी मान्यता है कि भाईदूज का त्योहार भाई-बहन के स्नेह को सुदृढ़ करता है। कार्तिक मास की शुक्ल पक्ष की द्वितीया को मनाये जाने वाले इस पर्व को यम द्वितीया या भाईदूज के नाम से जाना जाता है। इस दिन यहाँ पर मृत्यु के देवता यमराज की भी पूजा की जाती है। इस दिन बहनें अपने भाइयों को अपने घर आमन्त्रित कर उन्हें रोली अक्षत का तिलक कर भाई के उज्ज्वल भविष्य की कामना करती हैं साथ ही उन्हें आशीष देती हैं। इस दिन यहाँ पर पारम्परिक रीति-रिवाजों के अनुसार आँगन को गोबर से लीपकर चावल को पीसकर घोल बनाकर बहनें आँगन के बीचोबीच यमराज का चित्र बनाती हैं। इस चित्र में यमराज के साथ चाँद, सूरज, सात भाई, बहन के खिलौने, अष्टदल, सर्प, नेवला आदि चित्र सुन्दर बनाकर आलंकारिक विधि से सजाये जाते हैं।

भाईदूज

उगी ना आदित मल अरघ दियाउ...

छठ पर्व कार्तिक शुक्ल की षष्ठी को मनाये जाने वाला महापर्व है। सूर्योपासना का अनुपम लोकपर्व प्रसिद्ध पर्व है। पारिवारिक सुख-समृद्धि तथा मनोवांछित फल प्राप्ति के लिए यह पर्व मनाया जाता है। रामायण में एक मान्यता के अनुसार लंका विजय के बाद रामराज्य की स्थापना के बाद कार्तिक शुक्ल षष्ठी को भगवान 'राम' और 'सीता' ने उपवास किया था। सूर्य देव की पूजा आराधना कर सूर्य देव से आशीर्वाद प्राप्त किया था। यह चित्र पूजा स्थान पर लाल रंग की ऐपन लगा कर सूर्य देव का चित्र बनाते हैं, तथा नदी घाट पर मिट्टी से छठ माता का चौरा बनाकर ऐपन लगाकर पाँच गन्ने से (पृथ्वी, जल, आकाश, अग्नि, वायु जो मानव शरीर की रचना करते हैं) कबर कर सूखे चौरथ से गजमोती चौक पूरन बनाते हुए सुन्दर आलेखन, बेल-बूटी, लताएँ, पुष्प आदि से सज्जित चौक पूरना बनाकर पाँच मिट्टी के दीये में घी के दीपक जलाकर दूध तथा जल से अर्घ्य अर्पित करते हैं।

सूर्यपूजा डाला छठ

वासुदेव लीला सुखदायक...

जगत के पालनहार भगवान श्री हरि विष्णु जी के चार मास तक सोने के बाद अपनी शेषशय्या से योग निद्रा से जागने के दिन को देवउठनी एकादशी कहा जाता है। भगवान विष्णु के जागने के साथ इस दिन माता तुलसी का विवाह उत्सव का दिन पूरे अवध में धूमधाम से मनाया जाता है। इस दिन भगवान विष्णु माता तुलसी के साथ विधि-विधान से विवाह कराने की परम्परा के साथ इस दिन आँगन में चौक पूरना बनाने का महत्त्व है। एक कथा के अनुसार असुरों का राजा जालन्धर अत्यन्त क्रूर और निर्दयी दैत्य था। जो कि अपनी पत्नी वृन्दा के तपोबल के कारण अजेय बना हुआ था। जालन्धर के प्रकोप से जब देवों ने त्रस्त होकर भगवान विष्णु की शरण ली तब श्री हरि विष्णु जी ने जगत के कल्याण के लिए छल का सहारा लिया। प्रभु ने सबसे पहले वृन्दा के तप को भंग किया, जिसका परिणाम निकला जालन्धर युद्ध में मारा गया। इस बात का पता जब वृन्दा को चला कि भगवान विष्णु ने छल से उसका पति मारा है तो वृन्दा ने भगवान विष्णु को श्राप दिया। जिससे भगवान पत्थर के बन गये, जिसके परिणामस्वरूप हल यह निकला कि भगवान विष्णु ने वृन्दा से विवाह किया और श्राप से मुक्त हुए। भगवान विष्णु से विवाह के उपरान्त ही वृन्दा 'तुलसी' कहलायी। इस दिन तुलसी जी का विवाह रचाने के लिए घर-आँगन को गोबर से लीप-पोतकर सूखे चावल के आटे से या चावल के आटे के घोल से विधिवत चौक पूरकर बनाते हैं। इस चौक में भगवान विष्णु जी के चरण, चन्द्रमा, सूर्य, शंख, गन्ना आदि के चित्र बनाते हैं। इस चौक के चारों तरफ़ गन्ने से मण्डप सजाकर शंख बजाकर भगवान विष्णु का आवाहन कर विधिपूर्वक तुलसी जी का विवाह रचाते हैं।

देवोत्थान एकादशी